Dieses Buch gehört:

_____

_____

Christian Seltmann
Kleiner Ritter Kurz von Knapp

Rittergeschichten

Schulgeschichten

Muss ein echter Ritter Drachen jagen? Nein, findet der kleine Ritter Kurz von Knapp und spielt am liebsten mit dem dreiköpfigen Drachen Karl-Heinz-Otto. Und natürlich lädt Ritter Kurz zu seinem Geburtstagsfest auch alle seine Drachenfreunde ein. Wenn das mal gut geht!

Der kleine Ritter Kurz von Knapp geht gleich zweimal zur Schule: Vormittags bei den Rittern und nachmittags bei den Drachen. Doch davon darf keiner wissen. Denn was seine Drachenfreunde lernen, ist ungeheuer lustig – und streng geheim!

48 Seiten • Gebunden
Mit Bücherbärfigur am Lesebändchen
ISBN 978-3-401-09922-4
www.arena-verlag.de

48 Seiten • Gebunden
Mini-Ausgabe zum Schulanfang, durchgehend farbig illustriert, mit Fragen zum Leseverständnis
ISBN 978-3-401-70355-8